LIVING WITH ART

纸上美术馆 系列
从艺术小白进阶名画收藏家

雷东 《花卉静物画》 约 1910 年 布面油彩画 高：73 厘米 宽：54 厘米 乌珀塔尔 冯·德尔·海特博物馆

LE
MUSÉE
IDÉAL

纸上美术馆

BRUEGEL

天地之间

勃鲁盖尔

[法] 西尔维·吉拉尔-拉戈斯 著　李磊 译

北京联合出版公司
Beijing United Publishing Co.,Ltd.

世俗与宗教

艺术家以《圣经》为主题，将宗教圣事置于他
所处的时代背景中。

7

寓言与谚语

勃鲁盖尔借助他所熟悉的民俗来表达自己
的世界观。他自然地从家喻户晓的寓言与
谚语中汲取灵感。

37

A   B

生命、死亡与疯狂

生命、死亡与疯狂是勃鲁盖尔作品的三个典型主题，反映了他从现实主义和幻想题材中获取的双重灵感。

61

农民的日常生活

勃鲁盖尔是最早以非戏谑手法描绘农民的艺术家之一，他真实地再现了农民们的日常生活、习惯和风俗。

83

C

D

A

BRUEGEL　　　勃鲁盖尔

世俗与宗教

勃鲁盖尔身处动荡年代，他出生于安特卫普，后移居布鲁塞尔。当时，西班牙人对佛兰德斯地区实行铁腕统治，信仰基督教加尔文宗的弗拉芒人[1]奋起反抗西班牙天主教徒。艺术家从《圣经》中汲取灵感，将宗教圣事置于其所处的时代背景中。西班牙国王腓力二世把性格残暴的阿尔瓦公爵派往佛兰德斯，后者在该地区实行恐怖政策，通过暴力手段逼迫加尔文教徒改变宗教信仰[2]。勃鲁盖尔把宗教场景融入自身所处的时代，西班牙士兵通常是他作品中的关键元素。当悲痛的迫害成为过去，画家描绘的乡村日常生活场景便盖过了宗教氛围。

1. 今荷兰、比利时、卢森堡和法国东北部的一部分，旧称尼德兰地区，主要人口是弗拉芒人。16世纪，尼德兰北部经过革命成立了"尼德兰联省共和国"；而南部革命未成功，后妥协于西班牙的统治，即通常所说的佛兰德斯地区。

2. 西班牙统治势力信仰天主教，而加尔文宗属于新教，因此西班牙统治者逼迫信仰加尔文宗的弗拉芒人改宗天主教。

非凡与日常

　　冬景主宰着整块画布，《圣经》中的"三贤士朝圣"场景绘于画作左下角，让人难以辨认。勃鲁盖尔被视作首位描绘雪花纷飞场景的欧洲画家。他以惊人的现代理念，将宗教题材融入描绘日常生活的画卷，而他对冬景的偏爱，也让此类作品显得异常生动。

　　这幅作品将非凡的宗教题材置于次位，呈现出平凡至极的日常生活场景：三贤士身前，一位农民弯腰砍伐枯树；画面右侧，两个人从水塘冰面上凿开的冰窟窿里取水。望向村庄里，断壁残垣，荒凉满目，人们并不关心那些高贵人物的到来。砖石堆砌的高楼半边坍塌，由一根斜置的黑色长柱支撑着；雪地里的棚屋虽简陋，但亦勉强能为圣家族和平民提供庇护。

《三贤士雪中朝圣》

1567 年 木板油彩画
高：35 厘米 宽：55 厘米
温特图尔 奥斯卡·莱因哈特美术馆

风格与技巧

协调事件与人物

　　这幅画的创作主题源自《圣经》：在基利波山战役中，腓力士丁人打败希伯来人，扫罗王及其侍从自杀身亡。勃鲁盖尔通过画笔，让此悲剧性事件上演于波澜壮阔的场景中。虽然画幅尺寸紧凑，但画家通过描绘戏剧化的风景与两军兵戎相见的场面，呈现出了壮观的视觉效果。两位主角出现在前景左侧，蔽于陡立峭壁之上，从整幅作品来看，他们似乎成了画面的陪衬。岬角、悬崖、密林、河流、山丘，以及临绝壁而建、兀立山岗上的城堡，上述自然元素共同搭建起一个戏剧舞台，序幕拉开，悲剧上演。长矛刺穿身体，头盔闪着幽暗的光；军旗四处飘荡，燃烧的军舰浮现在远处的海面上。

　　此作的精妙之处在于，在有限的画框内呈现人物众多的复杂场景，观者甚至需借助放大镜才能看清正在上演的事件的细枝末节。从前景的悬崖看向河流尽头，通向一座堡垒与高塔林立的城市。

灵感与影响
与自然融为一体

　　在希律王下令屠杀婴孩之前，圣家族匆忙逃往埃及，尽管《圣经》对他们的逃难之旅一笔带过，但长久以来，"逃往埃及"这段故事极大地激发了艺术家们的创作灵感，涉及此宗教题材的艺术作品包括柱头雕塑、彩绘玻璃窗和绘画等。上帝派使者在梦中将希律王谋划屠杀婴孩的事告知约瑟，于是他带着圣母子踏上逃亡之路——艺术家们以此为题，创作出诸多极富想象力的作品。逃亡之路被描绘于广袤风光中，驴子驮着玛利亚和耶稣，约瑟则拉着驴子缓慢前行，他们渺小的身影几乎被壮丽的自然景观所隐没，这种描绘方式让画面更具情感冲击力。

《逃往埃及》

1563 年　木板油彩画
高：37.2 厘米　宽：55.5 厘米
伦敦　考陶尔德艺术学院画廊

约阿希姆·帕蒂尼尔（1480—1524）是一位弗拉芒画家，他的风景画通常由三层景别构成，即棕色前景、绿色中景以及深蓝色后景。在帕蒂尼尔的作品里，宗教主题在画面叙事上屈居次位。勃鲁盖尔借鉴了前辈的构图形式，优先呈现风景，再将人物置于其中，此描绘手法让作品更具故事性，却不失宏大场面，并以俯瞰视角呈现画面，将观者的视线引向大海和远山。在左页帕蒂尼尔的作品里，村舍临池泽而建，而在右页勃鲁盖尔的作品里，他让整个村庄坐落于河水环抱的半岛上，崇山峻岭，层林叠翠，其笔下的景致细节翔实，更显逼真。

流露矫饰主义[1]风格的笔触

这幅画是勃鲁盖尔作品中的特例，此幕宗教场景受到了矫饰主义风格的影响，画面结构紧凑，人物数量合理，不见人山人海。圣母怀抱身裹白布的圣婴；左侧的两位长者和右侧的黑人分别代表三贤士，他们身着华服，携厚礼前来朝拜圣母子。圣母的蓝色披风、三贤士的礼物、马厩里的驴子——画家遵照惯例呈现出"三贤士朝圣"宗教主题中所需的画面元素，但他对约瑟形象的塑造却打破常规，刻画出约瑟站在侧边，与旁人交头接耳的模样——根据天主教颁布的反宗教改革运动教谕（与新教教谕相反），约瑟的举止应虔诚且专注。一队士兵手持骇人的长矛值守在马厩旁，他们的形象影射了西班牙的暴虐统治。

1. 在文艺复兴最昌盛时期至巴洛克时期之前意大利的一种艺术风格。文艺复兴时期的大师如米开朗琪罗、拉斐尔等的作品技艺精湛，引得一些画家机械模仿，遭到评论家们的批评，认为他们不曾领会大师作品的精神内涵，画风具有过多矫饰，因此定义为"矫饰主义"。但矫饰主义并非仅仅停留在模仿阶段，画家们追求形式创新，强调艺术家内心体验与个人表现，绘画效果华丽，如今该词的贬义之意已不复存在。

《三贤士朝圣》
1564 年　木板油彩画
高：112.1 厘米　宽：83.9 厘米
伦敦　英国国家美术馆

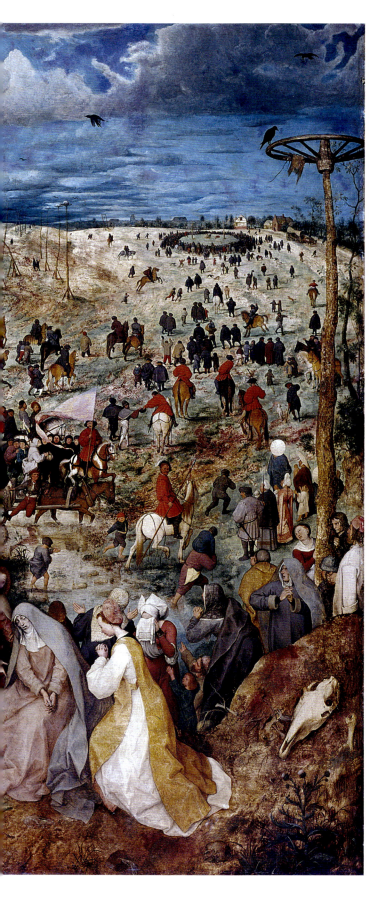

《基督背负十字架》

1564 年　木板油彩画
高：124 厘米　宽：170 厘米
维也纳　艺术史博物馆

淡化对基督受难的描绘

图中，一名小贩现身前景里，他背对观者，坐于岩石内凹处，好似一位观众，见证着规模宏大的舞台上的众生相。据统计，画上描绘了500多个人物。此作构图视角宽广，如同一幅展现众人出游的全景图：一名身穿红色上装的骑士手持哈布斯堡王朝的旗帜率队前行，其余几名红衣骑士策马于庞大的行进人群四周；左侧背景上晴空万里，一座小城坐落山间，众人自城中步行或骑马而来，奔赴各各他山；乌云压顶的各各他山就位于画面右上方。一棵枝繁叶茂、象征着"新生"的大树挺立于左侧，一座象征着"死亡"的绞刑架矗立于右侧，限定了画作的左右边界。摩肩接踵的人群让观者迷失其中，目光移至画面中心处，基督屈身背负着沉重的十字架，其形象几乎被人潮掩没。这幅画的主题具有双重性，不仅呈现了"基督受难"的宗教题材，还暗喻了当时佛兰德斯正遭受的政治和宗教压迫。虽然该作如一出戏剧般，展现着连贯的画面场景，但一座峭壁魔幻般拔地而起，高耸画中，壁顶上还有一间磨坊——在现实中，磨坊不大可能建在峭壁上，这种呈现手法让人百思不得其解。或许，画中的磨坊具有隐喻：转动的石磨除了能产出粮食，亦能作为"宇宙之轮"压制众生。

展现痛苦与折磨的人物群像

行进队伍里鱼龙混杂，充斥着凑热闹的旁观者、孩童、刽子手和工匠，他们跋山涉水，赶赴各各他山。溪水清澈如镜，水面上现出倒影，有人卷起衣袖和裤脚蹚水而过，有人乘坐马车前往，马蹄陷入水泽之中。受难之人身负十字架艰难前行，是否有人对其伸出援手，抑或变本加厉地折磨他？从局部细节图上看，有人堂而皇之地将脚踩在十字架上，所以答案显而易见。参与这场"狂欢"的人群好像对基督殉难的意义一无所知。

相反，画家以"哥特式"艺术手法呈现前景右侧的人物群像，描绘出他们拖曳及地的华丽衣裳，以及纹路极具艺术性的衣褶，这与其以写实手法刻画的众多人物截然不同。该局部细节展现着另一个主题，即"哀悼基督"：使徒圣约翰与圣女们陪伴在圣母身边。

《基督背负十字架》（局部）

1564 年　木板油彩画

维也纳　艺术史博物馆

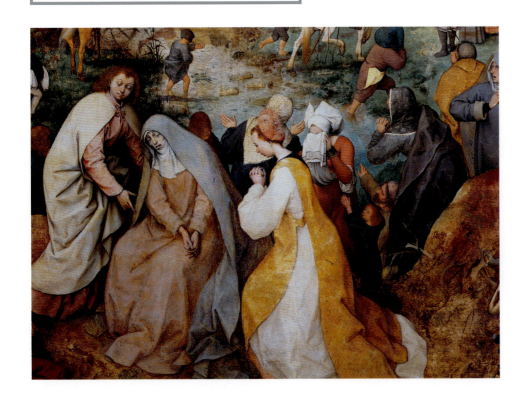

《基督背负十字架》（局部）

1564 年　木板油彩画

维也纳　艺术史博物馆

《屠杀婴孩》

1560 年　木板油彩画
高：116 厘米　宽：159.7 厘米
维也纳　艺术史博物馆

实行屠杀

据《圣经》记载，希律王统率着加利利地区的罗马军队，他听说一个将来要做"犹太人之王"的婴儿刚诞生在伯利恒城之后，便下令杀死了伯利恒两岁以下的所有男婴。

勃鲁盖尔信手拈来地将此屠杀事件发生的地点转换为自己的家乡。士兵们破门或翻窗闯入屋内，女人们痛失孩子，她们有的双手举向天空，有的捂住双眼坐在地上。有男人试图代为求情，却只是徒劳。水潭边上立着一株枯树，被白雪覆盖的朽木和木桶倒在冰面上，让画面更显苍凉与沉重。几名身穿红色上装的骑兵把守着道路出口，另外几名红衣骑士参与了屠杀，剩余的几个骑兵则监视着屠杀行动。该暴行就发生在几座红砖房围成的三角形空地上。前景处，一名男子双膝跪地，画面视角从他身上往后推远，随之展现出一系列情节独立的细节：一位悲痛欲绝的母亲掩面哭泣，她刚刚失去襁褓中的婴儿；一个孩子正朝母亲举起手臂；在左侧第一间房屋的入口处，一名套着衬衣的男孩被暴徒抓住；一名士兵正拽出藏匿瓮中的孩子，蹲着的女人在与他拼死搏斗。兵卒与家畜乱成一团，他们似乎也在捕杀村里的白鹅、牧羊犬、猪和火鸡。右上方的枯枝之间有一个鸟巢，仿佛在吸引着鸟群向高处飞去。

西班牙军队

　　一支西班牙骑兵队伍排成方阵列于村庄的主干道上，性格残暴的阿尔瓦公爵穿着黑袍，作为军队首领现身队伍前列，监督手下的佣兵和走狗进行屠杀。士兵们身披盔甲，手持长矛，他们虽不动声色，但显得气势汹汹；一名骑兵正越过背景里的小桥，这表明仍有队伍不断前来增援。积雪覆盖屋顶，白茫茫的雪景并未照亮此幕场景，而是突显出了刽子手们面对屠杀时的冷漠：白雪正如一块白色裹尸布覆盖在已不复昔日安宁的村庄上。冬季的祥和被恐惧吞噬。侵略者不顾人们的哭喊与哀求，用长矛和斧头破门而入，将婴孩们赶尽杀绝。

" 　在他的作品里，除开绘画本身，
　　还有一些让人深思的东西。 "

—— 亚伯拉罕·奥特柳斯《友人之书》，约 1573 年

《屠杀婴孩》（局部）

1560 年　木板油彩画

维也纳　艺术史博物馆

弗拉芒人的日常生活

　　勃鲁盖尔是一位现实主义风格的农村风俗画家。他将《圣经》场景绘于广袤风光里，并把画面视角拉远，几乎让圣事淹没于人头攒动之中。观者初次观摩画作时，会难以洞察而忽略这一重要细节，因为他将《圣经》场景融入了弗拉芒人的日常生活。在这幅画里，圣家族与忙于生计的寻常百姓并无二致。时值冬季，一轮红日隐于树丛后，湖泊、河流和池塘均被冰雪覆盖。孩子们正在溜冰，尽管冰天雪地，村庄的广场上依旧人声鼎沸。

　　前景里，有人在杀猪，有人在煮饭，鸡群围在人们脚边；稍远处，有人从马车上卸下枯枝，官员们则趁着人口普查的机会征税，众人把被征用为收税地点的客栈围得水泄不通。勃鲁盖尔依照惯例，把《圣经》场景与人口普查融入同一幅画里，这种呈现方式在画家身处的时代实属罕见。彼时，佛兰德斯的经济十分繁荣，西班牙统治势力通过行政手段强加赋税，画家以此描绘方式直接抨击了现实世界。

《伯利恒的人口普查》（局部）

1566 年　木板油彩画
布鲁塞尔　比利时皇家美术馆

主次颠倒

　　根据绘画传统，宗教是画作的首要主题，即便需
要呈现风景，也只能将其作为画面的次要元素，描
绘于背景上。而在《伯利恒的人口普查》中，宗教
与风景的主次位置完全颠倒了。圣母已怀有身孕，
她身披宽松外袍，骑着驴子而来，黄牛陪伴身侧，她的到来并不引人注目。身为木匠的
约瑟肩扛大锯子，形象让人一眼可辨，他行走于装着木桶的推车之间，有人正从桶里打
酒。勃鲁盖尔以极其细腻的笔法还原出了雪地里的脚印，以及车轴和
酒桶上覆盖的无暇白雪。村民们厚袄加身，竹篮在手，唠着家常，让
此幕场景透露着一派祥和。艺术家把神圣的宗教题材转化为呈现世俗
生活的画卷。

《伯利恒的人口普查》

1566 年　木板油彩画
高：115.5 厘米　宽：163.5 厘米
布鲁塞尔　比利时皇家美术馆

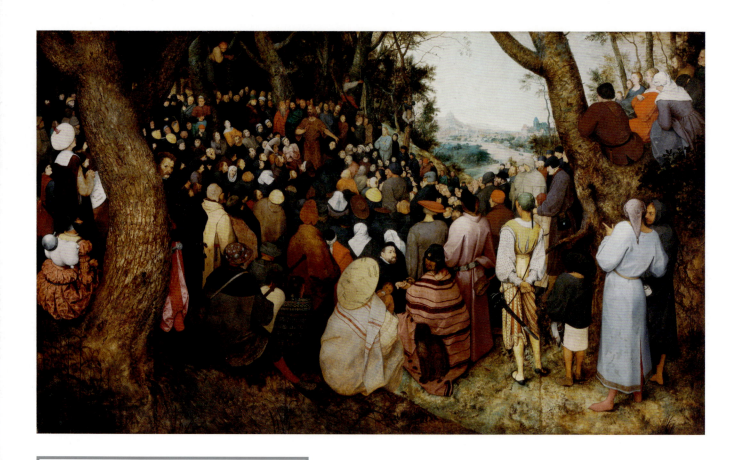

专注的人群

据《圣经》记载，施洗者圣约翰预言了基督的降临。勃鲁盖尔借此宗教题材讽喻其所处时代的政治现状。当时，新教徒们备受压迫，他们不被允许信仰新教，因而只得在树林里举行秘密集会。这幅向露天秘密集会致敬的画作呈现着大量意味深长的细节。

前景处，两棵大树为专心致志的听道者提供庇护；中景里，众

人面朝布道者；目光向远，大好风光铺呈背景中，河水奔流，远山环绕。

如阿克塞尔·韦切伊[1]所言："贵族、教士、士兵、村民、农民，弗拉芒人、西班牙人、犹太人、吉卜赛人、土耳其人，强壮的人和体弱的人……此作描绘出形形色色的人物，展现着引人入胜的画面。然而，这幅画要表达的并非差异，而是统一：正如先知预言的那般，基督将与全人类立新的约。"救世主身披蓝袍现身人群之中，施洗者圣约翰伸手指示圣子的存在。

---

1. 布达佩斯美术馆馆长。

《圣经》场景与政治含义

16世纪50年代，勃鲁盖尔在结束意大利之旅后，翻越现今位于瑞士境内的阿尔卑斯山回到了佛兰德斯。他将此幕《圣经》场景置于令人叹为观止的自然环境中，画的布景与画家所处时代的政治现实息息相关。

一支军队长途跋涉，从峡谷深处向前行进，消失在绝壁险峰之间。前进的队伍中间穿插进一个场景，让画面节奏突然被打断：首先映入观者眼帘的是两匹骏马，它们一动不动地站在前景里，衣着光鲜亮丽的骑士坐于马上；目光稍向前移，便望见树林之中，一名男子倒地不起，他的坐骑也卧倒在地；视线越过树梢，空中闪现一束光芒，它象征着神的介入，揭示了圣保罗在受到基督召唤后皈依基督教的创作主题。大海现于左侧后景里，船只漂荡在海面上：阿尔瓦公爵曾率领万人大军登陆意大利海岸，随后向着皮埃蒙特和萨瓦前进，并最终于1567年8月22日抵达布鲁塞尔，他此行的目的是为了压制弗拉芒人的反抗。

前景与后景

　　首先，一匹花斑骏马吸引了观者的注意，视线后移，另一匹白色骏马的臀部映入眼帘。骑士的服饰和姿态被刻画得细致入微。在他们身前下方，一名蓝衣男子摔倒在地，马鞍也顺势滑落，身披甲胄的骑兵与步兵将其围住。画面色彩以黑、白、黄三色为主色调，再用上装和帽子的红色对比烘托，佐证了勃鲁盖尔在绘画方面的艺术天赋和精湛技艺。

　　画家还精心描绘了士兵与奇峰，士兵的身形渺小如蚁，行进于峭壁之间，崎岖山路上枯树倒卧，落叶满地，呈现出一条危机四伏的行军路。

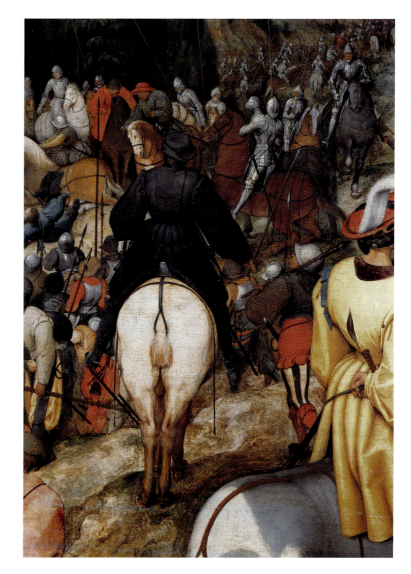

风格与技巧
明暗对比的奥秘

福音书著者圣约翰在壁炉旁打盹，他梦见一众使徒和圣徒聚集在圣母的床榻旁，一座基督受难像被摆在床尾的靠垫上，正对着即将获得永生的圣母；信徒们跪拜在地，圣彼得站在他们身前，把一支点燃的蜡烛递给圣母；抹大拉的玛利亚正在整理枕头，床幔被卷起挂于床尾。勃鲁盖尔用明暗对比的手法描绘的此幅灰色单色画，与他其他色彩丰富的作品形成了鲜明对比。圣母被不可思议的光芒笼罩着，壁炉里燃起的火苗，以及桌子上、墙面高处摆放的三盏残烛虽然光线幽暗，却足以照亮房间的摆设，并让观者看清跪坐床旁的圣徒的身影。

这幅画与传统的丧葬守夜主题作品类似，但场景极富人情味，不仅呈现出众人的悲痛，也表达出了对逝者的尊重。勃鲁盖尔让众多人物身处阴影中，以此衬托被光线笼罩的中心人物，展现出了他炉火纯青的明暗对比技法。

《圣母永眠》

1564—1565 年　木板油彩画
高：36 厘米　宽：55 厘米
班伯里　厄普顿庄园

↘ **B**

BRUEGEL　　　勃鲁盖尔

寓言与谚语

勃鲁盖尔借助他所熟悉的民俗来表达自己的世界观。他如实地借鉴了家喻户晓的寓言与谚语，初见勃鲁盖尔的作品的人，能从中看出他对俗语与谚语如数家珍。在他的作品中，对平民智慧的赞颂远超过对神圣宗教的歌颂：宗教并非他钟情的主题，当他选用宗教题材创作时，他是以坚守伦理主义的哲人姿态进行演绎的。即便他被称为"农民画家"[1]，他的画作也不是单纯地描绘贫苦民众：其作品题材宽泛，除了《圣经》，他还从维吉尔、奥维德、伊壁鸠鲁[2]和赫拉克利特的著作中汲取灵感。画家为观者呈现的并非针对人性的图像剖析，而是以暗喻手法反映"价值观颠倒"的现实世界的绘画作品。

1. 勃鲁盖尔又被称为"农民勃鲁盖尔"，他是欧洲美术史上第一位"农民画家"。
2. 伊壁鸠鲁，公元前 341—前 270 年，古希腊哲学家。

BRUEGEL   勃鲁盖尔

探索天地

　　约阿希姆·帕蒂尼尔创作了许多赏心悦目的风光画，他被视作该类型风景画的开创者。勃鲁盖尔借鉴前辈的绘画风格，以俯瞰视角描绘此作，将壮阔的风光展露无遗，他在前景施用土黄色，在中景涂抹草绿色，在后景天地相接处晕染蓝灰色，通过分层设色增强画面的纵深感。"播种者寓言"意为"播种的土地决定了种子能否生根发芽"，因此，艺术家塑造出河流景观来呼应画作主题。前景里，树木参天，农民正在树荫下播种，而村庄坐落于不远处的山坡上；再往后，小路蜿蜒穿过草地，通向教堂，教堂位于整幅画的中间位置，钟楼的尖顶刺向天空；河流对岸，城堡踞于峭壁之上，俯临一座小城，而峭壁之下正有人登船渡河；目光望远，群山起伏，气势雄伟，邀观者前来探索画中天地。

《播种者寓言》

1557 年　木板油彩画
高：73.7 厘米　宽：102.9 厘米
圣迭戈　蒂姆肯艺术博物馆

《盲人寓言》

1568 年　布面蛋彩画
高：86 厘米　宽：154 厘米
那不勒斯　卡波迪蒙特国家博物馆

风格与技巧

由盲人构成的对角线

　　这幅作品又名《盲人摔倒》，画面以棕色与蓝灰色为主色调。据《马太福音》记载，基督训诫道："若是瞎子领瞎子，两个人都要掉进坑里。"此作正是对基督训诫的充分印证。表达得通俗一点，该作也是一个关于"愚人"的寓言画。

　　勃鲁盖尔根据画面的对角线进行构图：六名乞丐衣衫褴褛，倚杖相互扶持，他们排成一列，沿着对角线贯穿整个画布。走在最前面的盲人已摔倒在地，排在最后面的两人却全然未知，这种对人物情绪的渲染，可以触动观者

的恻隐之心，亦引发了一种惊恐万分、劫数难逃和荒谬至极的观感。位于队列末尾的盲人走得稳稳当当，而领路的盲人已经摔倒在地，从前往后，盲人们摔倒的过程逐一呈现。视线沿此条对角线自然地望向右下角，落在右侧的树丛上，然后被旁侧的教堂引向高处，随之停留在站于画面中央的盲人的脸上，最后向左侧的人物移动，观者可以看到艺术家如实呈现了盲人们的身体缺陷，他们眼窝深陷，身患角膜白斑、青光眼……

宁静悠远的乡间风光

　　这幅画不仅描绘了列队前行的可怜盲人，还刻画出一座带尖顶钟楼的教堂，其坐落于后景中，画面意境宁静悠远。漂亮的乡村小教堂周围草木茂盛，飞鸟盘旋于尖顶上。

　　在勃鲁盖尔的作品里，乡间风光与教堂布景总是同时出现。因为教堂是村民除了家以外的主要聚集点，所以艺术家更着重于强调此宗教建筑的社会属性，而弱化了它的信仰意义。教堂的规模与布局从侧面反映出了此座村庄人丁兴旺，经济繁荣。这座小村的位置地势和缓，氛围静谧，连树叶都未曾有一丝摆动。相对于盲人们相继跌倒的混乱场面，教堂一隅的风景显得平静祥和。

1. 弗拉芒传记作家。

> " 他画笔下的人物生动逼真，风景写生优美静谧。 "
>
> ——卡雷尔·范·曼德[1]《画家之书》，1604 年

《盲人寓言》（局部）

1568 年　布面蛋彩画
那不勒斯　卡波迪蒙特国家博物馆

BRUEGEL 勃鲁盖尔

《弗拉芒箴言》

1559 年　木板油彩画
高：117.2 厘米　宽：163.8 厘米
柏林　德国国家博物馆　柏林画廊

癫狂的世界

　　为了在一块画板上呈现出约120条谚语，勃鲁盖尔运用红、白、蓝三种色彩精心搭配，成功地将数量繁多的谚语转化为一幕幕生动场景，艺术家能完成此作实属一项壮举。这些谚语被描绘成独幕剧，在画上接连上演，从前景铺呈至后景的海岸边，呈现出一个癫狂的世界：画中的"疯子"们各自为战，但他们的行为并不属于单纯的愚蠢或不道德的范畴。画面左侧，房屋的外墙上放着倒置的地球仪，十字架悬于球体下方；画面中央，亭子下方，男子在向魔鬼忏悔；画面右侧，棚屋前方，修道士正装模作样地给假基督戴上假胡子。

　　这个疯狂的世界里描绘着许多动物。视线从左下角开始，沿着画面对角线看向右上角，可以依次看见以下场景：女人将魔鬼绑在垫子上，寓意"无所畏惧"；女人为丈夫穿上蓝色披风，寓意"红杏出墙"；目光沿着溪流向上，直至起航的船只处，鼓起的船帆寓意"一帆风顺"。

　　前景中有一位英俊的贵族，地球仪悬浮于他拇指之上，寓意"众人臣服"；右下角，一个不幸的人无法同时触及左右两侧的面包，寓意"生活拮据"。高塔顶部，有人在随风抛撒羽毛，寓意"粗心大意"；有人在根据风向转动斗篷，寓意"见风使舵"。画家的作品反映了他对人类行为的困惑与思考。

传说中的乐土

　　这片想象中的极乐净土遍地珍馐美味，实属膏腴
之地。画面后景里，有人手持勺子，挖穿一团面糊
筑成的高墙，翻身进入乐土。此作的创作灵感源自
一个12世纪的传说，即在很多欧洲国家都流传着
的"安乐乡"[1]的故事。

　　在饥荒频发的年代，勃鲁盖尔创作出这幅充满想
象力的作品，仿佛是为了驱散肆虐人间的饥馑，同时也谴责了人的轻率言行。画家并非
描绘了一处世外桃源，而是用讽刺手法刻画出一座懒人的乐园。文员仰卧在皮毛大衣
上，农民侧卧于梿枷上，士兵躺在红色披风上，无论他们出身如何，不管他们处于何种
社会阶层，在享用完饕餮盛宴后，大家躺在地上围成一圈，画家以三人的形象批判了人
的懒惰。该作描绘了诸多美食，细节之处荒诞不
经，像是烤焦的带壳鸡蛋、自己走上白色台布的烤
鹅，以及从倾斜屋顶上滑落的饼子，这些并不与画
家的立场相背。

1. 中世纪神话中一个虚构的极度奢华和安逸的
　地方。那里的房屋是蛋糕做的；动物都预先
　烹饪好，从空中飞入人的嘴里；面包长在树
　上，直接落入嘴里……在那里，人们无须劳动，
　享受是最大的美德，而勤劳则是犯罪。

《安乐乡》

1567 年　木板油彩画
高：52 厘米　宽：78 厘米
慕尼黑　老绘画陈列馆

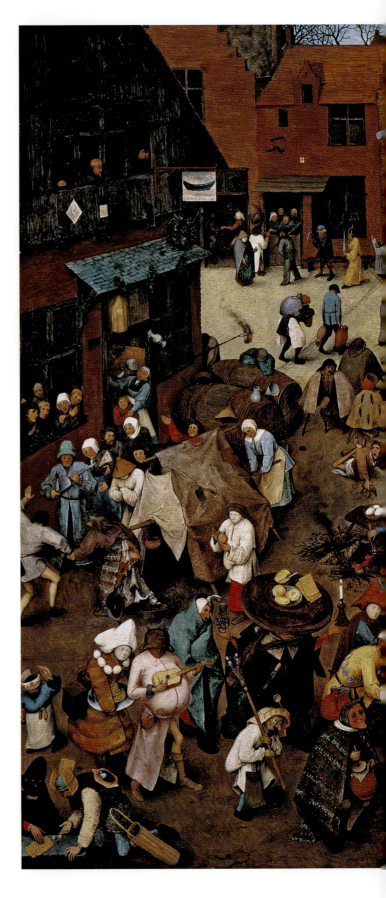

《狂欢节与大斋节之争》

1559 年　木板油彩画
高：118 厘米　宽：164.5 厘米
维也纳　艺术史博物馆

众生相的艺术

　　画家以狂欢节和大斋节两个象征性的节庆为主题，在一个小镇的广场上，呈现出让人目不暇接的民俗场景，因为宗教信仰的差异（天主教徒庆祝大斋节，而新教徒不重视此节日），天主教徒与新教徒之间的冲突跃然画上。鱼贩、顽童、残疾人、乞丐、巡逻队、乔装打扮者、列队而行的修女和座无虚席的酒馆，目之所及，无不展现着精妙的细节。勃鲁盖尔不仅是一位善于描绘小市民多姿多彩生活的画家，在部分评论家眼中，他也是一位"大众伦理学家"。画面中央，一个疯子身穿条纹外衣，在大白天手举火炬，为一对夫妇领路，此场景标志着这个世界的癫狂。不远处，一口井坐落于广场上（通常来说，这种小镇的广场中央都会有一口井），井的左边站着一只猪，右边摆着一筐鱼。

　　然而，如果仔细观察这座佛兰德斯小镇的背景，会发现后景里不只有具有当地特色的山墙，还能看到左侧树叶落尽的枯枝，以及右侧枝繁叶茂的大树，这两个场景分别代表狂欢节和大斋节，因为狂欢节自1月6日开启，而大斋节自早春的大斋首日开始，直至复活节前日结束。一座上方为黄色山墙的房屋出现在画幅中间，两名妇女正在打扫此间房子，因为北欧国家有在复活节前清扫房屋的习俗，所以该场景暗喻了复活节的到来。

《狂欢节与大斋节之争》（局部）

1559 年　木板油彩画

维也纳　艺术史博物馆

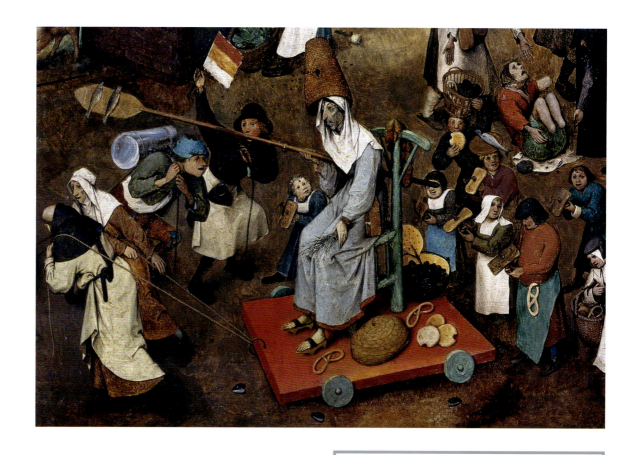

《狂欢节与大斋节之争》（局部）

1559 年　木板油彩画

维也纳　艺术史博物馆

两个典型形象

　　狂欢节与大斋节之争上演于前景中。一个骨瘦嶙峋的女人，手举摆放着两尾鲱鱼的长锹，坐于四轮板车上，脚边放着烤饼和椒盐卷饼（一种未发酵的面食），她的形象代表大斋节；一个狼吞虎咽的男人，身骑酒桶，手持烤乳猪，头顶圆形肉馅饼，他的形象代表狂欢节。这两幕场景以讽刺画的形式，呈现出了天主教徒因大斋节守斋戒而骨瘦如柴的形象，以及新教徒大快朵颐、贪图享乐的形象，让两者形成鲜明对比。画家以上述两个角色作为代表，描绘出了靠近左侧小酒馆的新教徒人物群像和靠近右侧教堂的天主教徒人物群像。象征大斋节的女人头戴一个倒置的蜂笼（封斋期可食用蜂蜜），跟随在其身后的孩子们一脸满足地捧着没加鸡蛋、未涂黄油的饼子。与之相反，象征狂欢节的男人大腹便便，在他的正上方，坐着一个正在烤制鸡蛋华夫饼的女人。

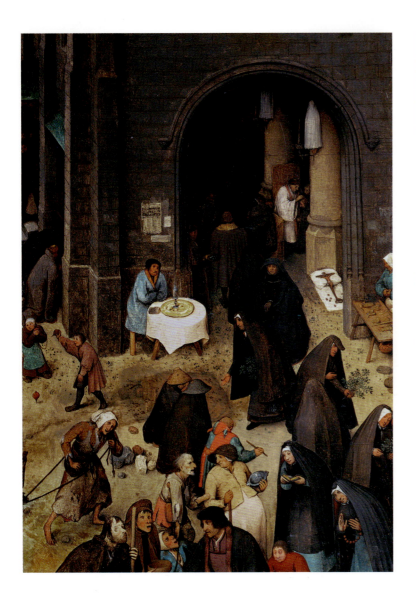

《狂欢节与大斋节之争》（局部）

1559 年　木板油彩画

维也纳　艺术史博物馆

挖掘细节

　　一群出身上层、身披黑色斗篷的女信徒步出教堂，她们手拿念珠或祈祷书。此座教堂外观雄伟，规模宏大，向里望去，教堂神甫立于墩柱后。一名信徒双手交叉，坐于教堂入口处，他面前的桌上摆着其信仰的宗教圣物，该圣物置于一个用于盛接募捐的盘子上。一帮乞丐上前向一位身裹毛领皮袄的富人乞讨，却连一个子儿也没讨到。

　　目光转朝广场左侧，小酒馆里人头攒动，外墙上挂着画有蓝色小船的招牌。在佛兰德斯，纵情狂欢的星期一是狂欢节的重要日子，这一天也被称为"蓝色星期一"，庆祝蓝色星期一意即"吃喝玩乐"。画中村民们正挤在门口观看酒馆前上演的小型滑稽喜剧。纵观整幅作品，左侧描绘着充满欢声笑语的画面，人们寻欢作乐，宴饮不停；右侧则呈现着忧愁且悲伤的景象。

《狂欢节与大斋节之争》（局部）

1559 年　木板油彩画

维也纳　艺术史博物馆

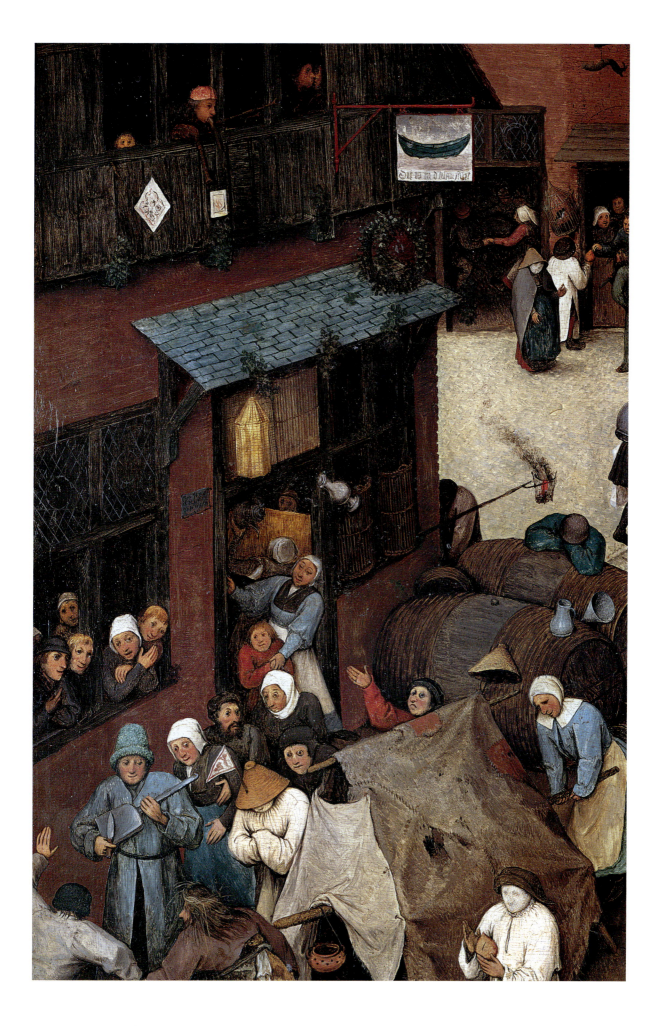

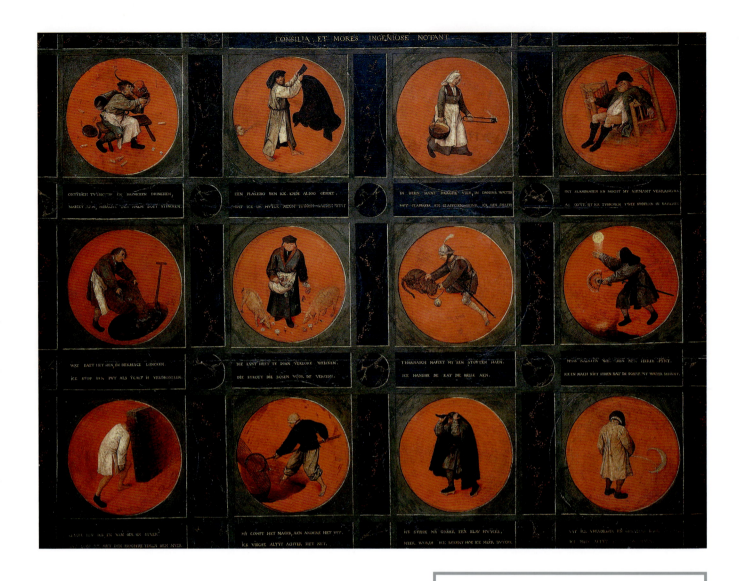

《十二条弗拉芒箴言》

1558 年　木板油彩画
高：74.5 厘米　宽：98.4 厘米
安特卫普　迈耶·范登·贝赫博物馆

灵感与影响

一系列荒诞不经的作品

在勃鲁盖尔的代表作《弗拉芒箴言》（1559年）问世的前一年，即1558年，他就以谚语为主题进行创作，描绘了一幅由12幅独立的谚语系列画组成的作品。深色背景上印着12个红色圆形画框，生动的人物形象现于其中，犹如一组圆盘装饰画。

从左上角的第一幅画（寓意"饮至烂醉，沦为贫困"）到右下角的最后一幅画（朝着月亮小便，形容人瞄得太高，寓意"自视甚高"），这些谚语将在《弗拉芒箴言》中再次出现。

彼得·勃鲁盖尔被后世称为"老勃鲁盖尔"，他的两个儿子[1]

也成了画家。大儿子"地狱勃鲁盖尔"擅长临摹父亲的作品，他初出茅庐时，因成功复刻了《伯利恒的人口普查》《屠杀婴孩》《三贤士朝圣》等众多画作而声名鹊起。虽然"地狱勃鲁盖尔"擅长临摹父亲的作品，但他也在这些仿作中融入了个人风格。另

外，他也有一些描绘溜冰场景、农家欢宴、婚礼舞会等题材的原创作品留世，这些画作展现出了以弗拉芒现实主义为主导的绘画风格。正如右页圆形画幅展现的那般，其创作主题源自谚语"恶有恶报"，这幅画可能也受到了他父亲创作的同主题版画的启发。画中二人形象笨拙且滑稽，姿势富有表现力；后景中的村落与林荫小道流露出明显的老勃鲁盖尔绘画风格。但即便父子两人描摹的对象相同，他们所呈现的画面还是有些许差异："地狱勃鲁盖尔"倾向于简化人物轮廓，并放大场景中无关紧要的细节，而这些场景也展现着他的厚重笔法与审慎配色。

1. 勃鲁盖尔的两个儿子分别是小彼得 · 勃鲁盖尔（1564—1638 年），俗称"地狱勃鲁盖尔"，以及扬 · 勃鲁盖尔（1568—1625 年），俗称"丝绒勃鲁盖尔"。

《厌世者》

1568 年　布面蛋彩画
高：86 厘米　宽：85 厘米
那不勒斯　卡波迪蒙特国家博物馆

谜团与悖论

　　左页这幅圆形画又名《险恶的世界》，一首二行诗镌刻于下方，意为"世间险恶万分，我为此哀恸不已"。在一派田园风光中，牧羊人在磨坊旁放牧，一切显得宁静祥和，然而，远处的村庄火光冲天。一位外形怪诞的年轻男子出现在右下方，他身陷玻璃球内，该球体上方连接着一个十字架，其象征着世界；一位气质阴郁的长者行走在前，他面带白须，身裹黑袍。青年蹑手蹑脚地跟在老人身后，正伸手偷他的心形钱包，而老者遮脸的风帽阻挡了视线，让他看不见脚下的钉子。此作是寓意人走霉运，还是厌世者遁世时的义无反顾呢？该场景显得自相矛盾。

　　本页这幅画同样令人迷惑不解，画中的两只猴子被铁链拴着，蹲在一个拱形窗台上。目光望向窗外，安特卫普的港口水雾缭绕，景致绮丽。它们会为了几颗微不足道的坚果付出自由的代价吗？有人认为这些猴子暗喻被西班牙统治的佛兰德斯；另一种观点则认为，它们象征着人被物欲所奴役；还有人认为此作揭露了当时安特卫普贵族阶层流行饲养异国动物的现象。

《两只猴子》

1562 年　木板油彩画
高：19.8 厘米　宽：23.2 厘米
柏林　德国国家博物馆　柏林画廊

体现人类苦难的群体

在勃鲁盖尔的作品中，乞丐的形象并不鲜见，画家早已在《狂欢节与大斋节之争》（见第48—49页）的人物群像中呈现过一群乞丐，而在左页这幅他晚期的作品中，画家集中描绘了乞丐们的形象。这些人身体残疾、穷困潦倒，是战争的幸存者，或是生病后落下残疾的可怜人。他们拄着拐杖艰难挪动，只为讨一口汤喝，要一口饭吃。一名女子在施舍他们后，从右后方离开了，五名乞丐留在砖墙围绕成的空地上，宛如一个戏剧舞台。他们头戴造型各异的奇特帽子：红色王冠、软帽、头盔、皮帽和主教冠，聚在一起向路人乞讨。这可能表明他们代表不同的社会阶层：贵族、农民、士兵、富人和教士。

大众对这幅小尺寸作品有各种解读。乞丐衣服上挂着的狐尾暗讽"乞丐的节日"[1]。有一句关于残疾人的弗拉芒谚语"谎言犹如瘸子拄着拐杖走路"，寓意"人人都会说谎"。但残疾人也是社会的组成部分，画家在此作背面的亲笔题词表达了他对残疾人的怜悯之情。

1. 16 世纪流行于尼德兰的一个节日，于每年主显节之后的星期一举行，当天，乞丐们都要"盛装"打扮，游街乞讨。

《乞丐群》

1568 年 木板油彩画
高：18.5 厘米 宽：21.5 厘米

巴黎 卢浮宫博物馆

BRUEGEL   勃鲁盖尔

生命、死亡与疯狂

勃鲁盖尔通过巧妙构图将众多人物融合在一起，以丰富的想象力展示生命、死亡与疯狂这些宏大且常见的主题，创作出或富于趣味，或阴冷恐怖，或娱乐轻松，或凶险至极的作品。在"生命"主题中，有感人至深的《儿童游戏》和壮观无比的《巴别塔》；在"死亡"主题中，有骷髅大军、战火纷飞和绞刑现场，画面恐怖至极、粗暴野蛮；在"疯狂"主题中，有犹如梦魇的《疯女玛戈》和通往地狱之门的《反叛天使的堕落》——后者呈现了大天使圣米迦勒与反叛天使之间的战争。生命、死亡与疯狂是勃鲁盖尔作品的三个典型主题，反映了他从现实主义和幻想题材中获取的双重灵感。

《儿童游戏》

1560 年　木板油彩画
高：118 厘米　宽：161 厘米
维也纳　艺术史博物馆

风格与技巧
一览无遗

这幅作品与《弗拉芒箴言》（见第44—45页）或《狂欢节与大斋节之争》（见第48—49页）的构图如出一辙，勃鲁盖尔采用高视角描绘场景，犹如透过二楼的窗户看到的景象，此种构图能让观者将诸多细节一览无遗。这些细节相互独立，并无必然联系，孩童们在观者眼前各自玩闹，斑斓的色彩布满整个画面空间。

艺术家反复运用此构图方式作画，原因在于该构图既能让观者从远处看到作品全貌，又能让观者观察每一个场景的细枝末节。街道向远方延伸，房屋鳞次栉比，堆叠至位于画面右上角、道路尽头的教堂；一栋房屋坐落画面左下角，背光的墙面颜色深暗，后方搭着小型围场，街景深邃的透视效果被这栋房屋抵

消了。该作共描绘了250多个孩子，他们在玩跳山羊、捉迷藏、抬轿子、杂技、滚铁圈、恶作剧等古老游戏，只需木棍、陀螺、骨头[1]和铁环就能开心玩闹。孩童们"占领"了整座城市，肆无忌惮地嬉戏喧哗。

1. 画面左下角，两个女孩正在玩的"抓子儿"游戏，通常会使用羊拐骨来当"子儿"。

具有童心的画家

　　有一种常见的观点认为勃鲁盖尔描绘的孩子更像是缩小版的成年人。的确，这幅画便犹如一场由成年人假扮孩子的盛大"化装舞会"，艺术家通过此作对人的行为进行了说教般的批判。该画主题新颖，呈现了各种民间游戏，集中展现了当地的民俗，然而，它也表达出了画家对成年男女的警告，奉劝他们勿在幼稚的事情上浪费人生。但是，这些孩童游戏的画面首先是对朝气蓬勃、充满欢乐的人生的致敬：艺术家施用红色、绿色、蓝色和黄色，描绘出孩子们滚铁圈、在木桶里喊叫以制造回声、骑在木桶上玩耍、"骑马打仗"、吹肥皂泡、玩娃娃或"抓子儿"游戏的画面，试问还有什么能比这些场景更能展现孩童的天真无邪呢？

《儿童游戏》（局部）

1560 年　木板油彩画
维也纳　艺术史博物馆

《儿童游戏》（局部）

1560 年　木板油彩画

维也纳　艺术史博物馆

城内与乡间

　　孩子们在广场上嬉戏打闹，他们的身影在右侧的长街与溪水旁的草地上也随处可见。天清气爽，日暖风和，已适宜孩童跳入河中戏水，而在画家以往的作品中通常只能看到结冰的水面。男孩在遮天蔽日的绿树下攀爬玩乐，女孩则在树荫里的草地上舞动裙摆旋转。

　　这个世界充满童趣，没有丝毫包含戏弄、嘲讽的暗喻，每个孩子都沉浸在游戏中，即便只是最简单的奔跑打闹，他们都乐此不疲，就像那几个正笨拙地爬上小土堆的孩子。勃鲁盖尔用更具想象力的笔触描绘城内的游戏场景，孩子们有的在模仿大人列队游行，有的围成一圈跳舞，有的在比赛转陀螺，男孩女孩们聚在一起，追逐打闹。虽然孩子们的穿着与成人相差无几，但他们的天真烂漫溢出画面，让观者感受到了无拘无束与柔和舒缓。

《儿童游戏》（局部）

1560 年　木板油彩画

维也纳　艺术史博物馆

　　　　　　　BRUEGEL　　　勃鲁盖尔

生命、死亡与疯狂

亨德里克三世·范·克莱韦
《建造巴别塔》

1550 年　木板油彩画
高: 42 厘米　宽: 55 厘米
奥特洛　克勒勒－米勒博物馆

灵感与影响
从虚构到真实的神话故事

　　根据《创世记》(《圣经·旧约》第一卷)记载，宁录王[1]想建一座通天塔，上帝因此认定人类胆大妄为，于是，他让人们语言不通，以此来惩罚建造巴别塔的人。从此以后，工匠们便无法沟通，只得就地解散，徒留一座未完工的高塔。这个神话故事启发了16世纪的弗拉芒艺术家们，其中特别值得一提的就是勃鲁盖尔和亨德里克三世·范·克莱韦(1525—1589)。彼时，他们都在安特卫普从事绘画工作，俩人同属安特卫普圣路加公会(一个由画家与雕刻家组成的公会)成员。安特卫普是当时欧洲最大的城市之一，在社会与宗教的双重影响下产生的多元文化深切地影响了这座城市，亦让安特卫普人受益良多。

　　虽然两位艺术家的作品创作年

《巴别塔》

1563 年　木板油彩画
高：114 厘米　宽：155 厘米
维也纳　艺术史博物馆

份相距甚远，但两者主旨一致，即通过高耸入云的巨塔反衬人的渺小。亨德里克三世描绘出一座让人叹为观止的高塔，其外观充满想象力，显得立体且精巧，却是只可能存在于神话故事中的虚构建筑；勃鲁盖尔则呈现出了一座现实主义风格的巨塔，他借此描绘现实人生，且细节翔实。建塔地点合理地布置于河边，以便于船舶运送石块至高塔脚下，由此可见，画家并非描绘了一个远古时代的故事，而是展现了一幕具有现实主义风格的建筑场景。

1. 据《创世记》记载，宁录王是那亚后人，他是一位强大的君主，率领人们建造巴别塔。

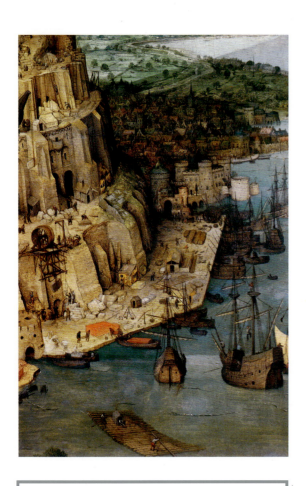

《巴别塔》（局部）

1563 年　木板油彩画
维也纳　艺术史博物馆

匠心独运的微观世界

勃鲁盖尔对画面精雕细琢，不但呈现了卸下砖石的场景，还刻画了建筑工地上设计巧妙、用于运送砖石的起重设备。工人们各自被分配了不同的工作，如切割、吊装和搬运。画家还以建筑师般的精妙手法绘制出了高塔的支柱，为如实呈现，他还去观摩了教堂的建筑工地。在直冲云霄、逐级上升的巨塔上，逼真细节翩跹而至，比如画上随处可见的窝棚，就与当时的现实情况相符——每个工人公会均为工人们配置窝棚，让他们可以休息、进食和存放工具；一座城市现于高塔之后，城墙、教堂和房屋鳞次栉比，背景草木青翠，风光迷人，让画面透视显得深邃，而此幕城市景观也反映了画家生活的真实世界。

《巴别塔》（局部）

1563 年　木板油彩画
维也纳　艺术史博物馆

生命、死亡与疯狂

> "他平时性格沉稳、头脑灵活、小心谨慎；
> 但若与人为伴，他就变得风趣幽默，
> 他喜欢用百鬼众魅的故事吓唬学徒或他人。

—— 卡雷尔·范·曼德《画家之书》，1604 年

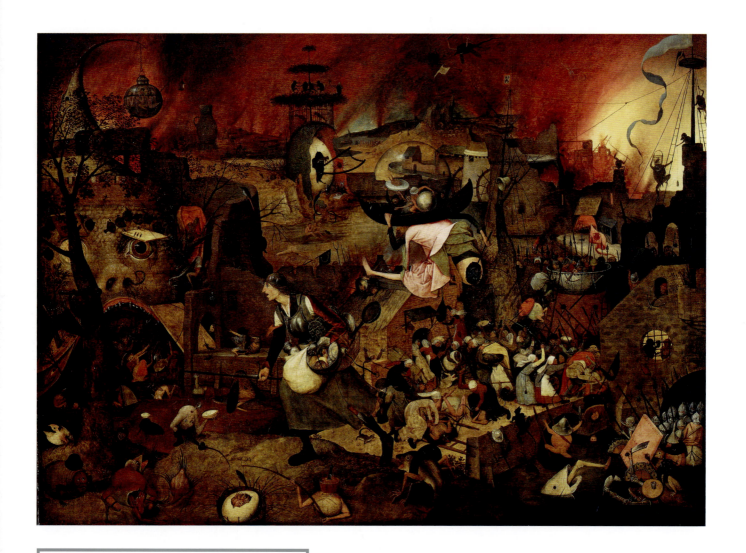

《杜勒·格里特》或《疯女玛戈》

1561 年　木板油彩画
高：117.4 厘米　宽：162 厘米
安特卫普　迈耶·范登·贝赫博物馆

地狱图景

这远非一幅单纯的"鬼怪画",其呈现出了一个妖魔鬼怪横行的世界。勃鲁盖尔在此作中借鉴了耶罗尼米斯·博斯[1]作品中常见的巫术和炼金术主题。一名悍妇行走画中,她手握利剑,冲向敞开的地狱之门,背景火光四射,火星染红画布,展现出一幕由植物、动物、有机体和矿物混搭出的地狱图景。

画中怪物的躯体支离破碎,如身穿粉色裙装的中心人物,其背上驮着船只,手持长柄汤勺伸向身后,从后背上的蛋形物内舀出钱币;木桥上,女人们蜂拥而至,正与恶魔搏斗,可以看见她们正将妖魔绑在垫子上,该场景的创作灵感源自弗拉芒谚语"把魔鬼绑在垫子上",寓意"无所畏惧";一群铠甲披身、头盔遮面的士兵候于桥下,等着魔鬼跌落他们手中。

画家将地狱之门拟人化,地狱的入口化作人嘴,石块组成人脸,木板当作睫毛,耳中长出树木,让此景犹如一场梦魇。形象猥琐的侏儒四处游走,它们仿佛诞生自疯癫,或者说,它们就是诡谲怪诞的产物,与上述地狱之脸完美呼应。

1. 1450—1516 年,弗拉芒画家。他的大部分作品都是宗教相关题材,并多在描绘罪恶和人类道德的沦丧。勃鲁盖尔深受博斯的艺术风格影响。

《杜勒·格里特》或《疯女玛戈》（局部）

1561 年　木板油彩画

安特卫普　迈耶·范登·贝赫博物馆

邪恶幻影

　　杜勒·格里特又被称为疯女玛戈或愤怒的玛戈，她是弗拉芒民间传说中的重要角色，象征着贪婪与易怒。画中的玛戈身披甲胄，头戴简陋头盔，这位女巨人大步向前，嘴巴大张，眼神恍惚，身上满是千奇百怪的战利品，她手臂挎着篮筐，手中提着塞满器皿的行囊，腋下夹着珠宝匣子。

　　勃鲁盖尔以此抨击了人的贪欲，讽刺了人对钱财的贪得无厌。然而，该邪恶幻影尚存另一种合理解读，即其形象地再现了当时的一句谚语"一个女人锣鼓喧天，两个女人为非作歹，三个女人做起买卖，四个女人争论不休，五个女人所向披靡，六个女人鬼见愁"。混乱不堪的画面暗喻佛兰德斯被战争蹂躏，以及被西班牙奴役的悲惨境遇，远处的地平线火光冲天，造型奇异的船舶上载满猴子——在画家所处的时代，猴子象征着人类犯下的一切罪恶。

《杜勒·格里特》或《疯女玛戈》（局部）

1561 年　木板油彩画

安特卫普　迈耶·范登·贝赫博物馆

BRUEGEL   勃鲁盖尔

《死神的胜利》

1562—1563 年 木板油彩画
高：117 厘米 宽：162 厘米
马德里 普拉多博物馆

死神大军

　　世界末日降临，大地一片荒芜，骷髅军团从港口腹地接踵而至，大开杀戒，把活人推入陷阱之中，被吞噬的人将复生无望，纵使陷阱的活板门上印有十字架。硝烟四起，遮天蔽日，仅剩右侧余晖照亮绞首架、车轮刑刑具、树形绞架和死尸。在那个饱受瘟疫、饥荒和宗教战争摧残的年代，生灵涂炭，民不聊生，勃鲁盖尔描绘了一幅令人毛骨悚然、触目惊心的作品。画布中央，死神挥舞镰刀，追赶人群。死神队伍浩浩荡荡，四处抓捕活人，每个人似乎都在与死神缠斗，却无人能幸免：左下角，死神向国王展示沙漏；不远处，死神头戴红衣主教帽，双手环抱主教；中间，死神将褪去外衣的农民割喉；一旁，身穿铠甲的士兵正面朝下，倒地身亡。在此末日景象中，勃鲁盖尔通过讽喻手法表达出"死亡面前人人平等"的创作主题。上帝不再现身，撒旦肆虐人间，无人能逃脱死亡的摆布。

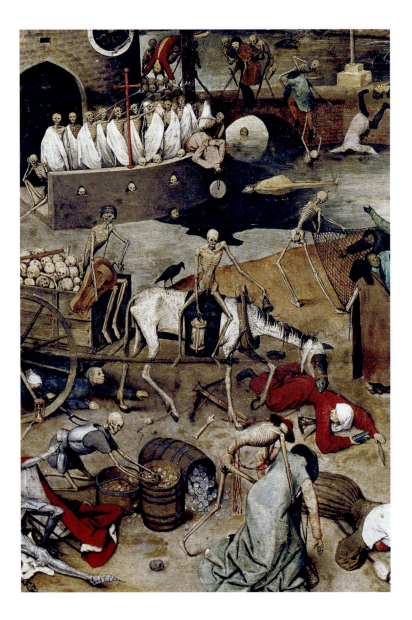

《死神的胜利》（局部）

1562—1563 年　木板油彩画

马德里　普拉多博物馆

全人类的灾难

　　一切在劫难逃，死神咧嘴冷笑，从陆地和水上分别前来。一艘船满载身披裹尸布的死神，缓慢行驶于腐臭的湖面上，水中有一具肚子肿胀的浮尸。前方的陆地上，再无用处的弩被丢弃在地，一匹骨瘦如柴的马拉着装满骷髅头的马车，骑马的死神摆动手里的摇铃。死亡的钟声已经响起。

　　骑士拔剑抗击，此举英勇无畏，却只是徒劳，反映出人面对死亡时的束手无策。寻欢作乐、欢畅宴饮的场地已一片狼藉。有人想躲在桌下逃避死亡，但死神的脚步却不曾停歇，美丽的贵妇已与面目狰狞的死神跳起了死亡之舞。纵使人们奋起抵抗骷髅大军，却不能改写他们的结局。人终有一死，人的悲剧宿命是世界运行的自然法则。在勃鲁盖尔的画笔下，看不到任何救赎的希望之光，哪怕是一点微光。

《死神的胜利》（局部）

1562—1563 年　木板油彩画

马德里　普拉多博物馆

灵感与影响
剑指邪恶势力

　　15世纪荷兰画家耶罗尼米斯·
博斯的作品与勃鲁盖尔的作品
有诸多相似之处，特别是涉及
恶魔附身之人的画作，如《杜
勒·格里特》（见第72页）
《死神的胜利》（见第76—77
页）和右页的《反叛天使的堕
落》。勃鲁盖尔借鉴博斯开创的
绘画风格，同时运用自己的想象

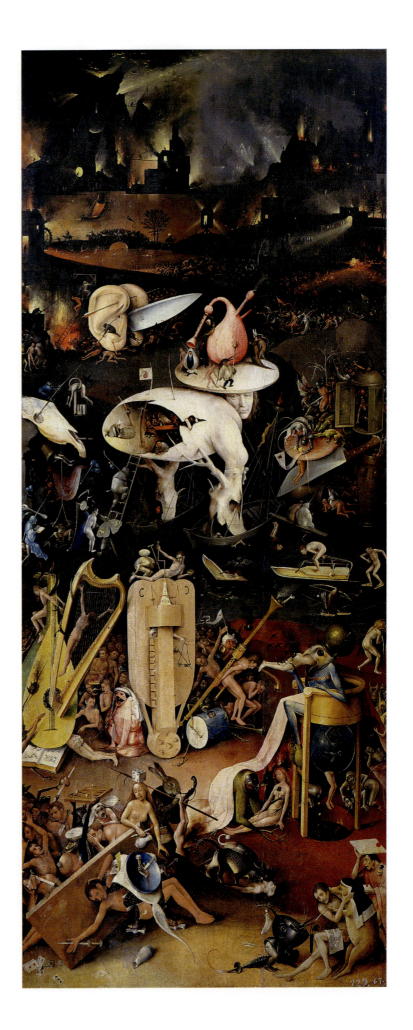

力，呈现出光怪陆离、诡形谲状的幻境。只是勃鲁盖尔作品中呈现的是纯粹的幻象，而博斯作品中描绘的是超自然的幻境，正如左页这幅画所示，博斯从中世纪的动物图画集中汲取灵感，描绘出千奇百怪的怪物形象，这些怪物的造型展现出文艺复兴之前的艺术风格。

《反叛天使的堕落》的绘画风格深受博斯影响。画作中央，大天使圣米迦勒身穿金色盔甲，腾飞空中，正驱逐背叛上帝的反叛天使，悬于混战诸神上方的明亮球体大概是上帝的化身。大天使脚踩恶龙，蓝色披风飘浮舞动；与其并肩作战的白袍天使身形纤细优美；追随路西法的堕落天使

变形为混种妖怪，模样类似两栖类、爬行类、鱼类、软体动物、昆虫的怪物从空中跌落，乱作一团，坠入地狱深渊。善恶对峙的主题在勃鲁盖尔的作品中屡见不鲜，天堂的明亮色彩与地狱的昏暗色调（由赭石色和棕色绘出）对比鲜明，呈现出引人入胜的奇景。

↘ **D**

BRUEGEL　　　勃鲁盖尔

农民的日常生活

勃鲁盖尔约有 45 幅绘画作品存世至今,其中有 30 多幅描绘了自然、村庄、四季和农民的日常生活。寂寂无名的农村居民成为画作的中心人物。勃鲁盖尔是最早以写实且非戏谑的手法描绘农民的艺术家之一,他不仅描绘了农民和田间的劳作者,还真实地再现了他们的日常生活、习惯和风俗,在这个社会中,正是这些无名小卒为人类的温饱做出了贡献。在中世纪的时祷书里,季节变换总是和人物劳作联系在一起,而二者间人总是第一位的,但在勃鲁盖尔的画作里,自然和风景才是第一位。

BRUEGEL　　　勃鲁盖尔

《收割草料》

1565 年　木板油彩画
高：114 厘米　宽：158 厘米
布拉格　洛布科维茨宫

简单美好的世界

　　这幅作品展现出十分和谐的画面氛围，表现了真正的生活情趣。每年的6月至7月是草料收割期，在此期间，人们收割干草，采摘水果和蔬菜。三名拾穗者与五名头顶竹篮的行人擦肩而过。前景中，一名男子正在磨镰刀，下方的田地间站着劳作的男女，视线继续向后，村庄错落，丘陵起伏，绝美风光延伸向远方微蓝色的风景。以下三个画面元素吸引着观者的目光：右边的树木划定了画框的右侧边缘；左边的城堡坐落在峭壁之上，嶙峋巨石俯瞰着教堂；中部，路边长着一株精致的虞美人。除此之外，面露微笑的拾穗者也让观者无法忽视。

　　上述细节在微妙且和谐的画面氛围中连成一体，再加上具有开创性的绝佳构图，共同谱就了此作。在勃鲁盖尔的作品中，自然并非简单的装饰，它代表着一个辽阔世界，在那里，人们遵循四季更迭的自然法则，一切浑然天成。

BRUEGEL 勃鲁盖尔

人世间的简单快乐

这幅作品延续了勃鲁盖尔一贯的作画风格，在其创作的人物风景画中，前景位于高处，让观者得以俯瞰远方（此作的后景是滨海港口），随着视角由近及远，呈现出一幕幕精心构思的场景，再以细腻精妙的笔法描绘错落有致的景别，塑造出画面的纵深感。

该画为《四季轮回》[1]系列作品之一，画布上涂抹着一望无际的金黄色，营造出平静祥和的氛围。从画中可以感受到农民的辛苦与天气的酷热难耐，还有大片庄稼等待收割，农民们在树荫下休息片刻，恢复体力。那棵大树立于画面中部，将不远处的教堂半掩在身后。

此作刻画了身处大自然中的人物形象，以客观且写实的手法呈现出农民的日常生活节奏。三名农妇沿小径往下走向池塘；农夫手挥镰刀，吓飞两只鹌鹑；稍远处，孩子们在草地上玩耍；一个男人手拿罐子朝正在"野餐"的人群走去，另一个罐子则掩于麦田中。整幅作品构图完美，展现着人世间的简单快乐，描绘出田间的劳作与农民的淳朴。

1. 勃鲁盖尔为尼古拉斯·容格林科创作的《四季轮回》系列有 5 幅作品存世，分别是代表 12 月至次年 1 月的《雪中猎人》，代表 2 月至 3 月的《阴天》，代表 6 月至 7 月的《收割草料》，代表 8 月至 9 月的《收获》，代表 10 月至 11 月的《牛群牧归》。

《收获》

1565 年　木板油彩画
高：116.5 厘米　宽：159.5 厘米
纽约　大都会艺术博物馆

风格与技巧

融入自然

这幅画也是《四季轮回》系列作品之一。画上的时间正是深秋，画家描绘了山峰迭起、风暴将至、牛群徐行的景象。在狂风暴雨来临前，急需将放牧的牛群赶到避雨处。构图层次分明，前景中刻画着驱赶牛群的牛倌；视线向远，出现一片山坡，种植着成排的采摘过的葡萄树；小河流淌于山坡脚下，河边的岬角上立着绞首架，让人联想起可怕的宗教战争，它的出现打破了此幅田园画卷的宁静，大自然好似也因此变得阴沉。

然而，艺术家的精湛技艺仍旧吸引着观者的目光：牛的皮毛花色各异，它们走在两侧栽着桦树的小道上，向着村口行进；体形圆润、性格温顺、行动笨拙的牲畜挤得密不透风；树影婆娑，树丛下茅屋错落。以上细节均展现出了高超的绘画技艺，画面逼真到让观者仿佛能听见牛群的哞叫和牛倌的吆喝。

农民的日常生活

　　　　　　　　　　BRUEGEL　　　　勃鲁盖尔

风雨欲来

　　研究勃鲁盖尔作品的专家们认为这幅《四季轮回》系列之一描绘了2月或3月里的一个阴天。画家一如既往地用自然景观明确季节，用细腻手法描绘人物活动，呈现乡村生活。画家以他擅长的俯瞰视角进行构图，左下角，吟游诗人直立于客栈前，周围的屋舍簇拥着中间的尖顶教堂，村落临海而建，海面波涛汹涌，航行艰难。离海岸不远处，一艘船侧翻水中，此幕场景揭示了人类与大自然抗争时的无能为力。

　　背景中的连绵雪山引人注目，却也令人不安，艺术家以细致入微的笔法刻画了塔楼、堡垒和雪峰，光线阴郁压抑。让人胆战的严寒与暴雪步步逼近。在勃鲁盖尔之前，鲜有艺术家能以如此贴切的方式成功诠释随季节交替而变化的大自然。

《阴天》

1565 年　木板油彩画
高：118 厘米　宽：163 厘米
维也纳　艺术史博物馆

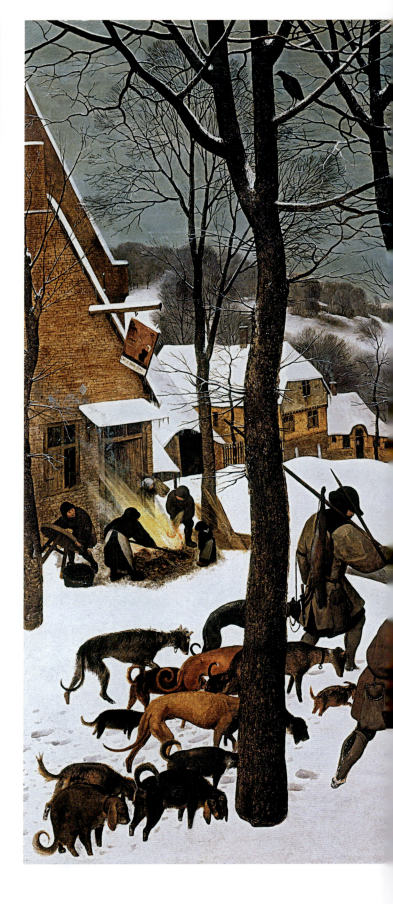

银装素裹

在勃鲁盖尔为安特卫普商人兼收藏家尼古拉
斯·容格林科创作的著名的《四季轮回》系列作品
中，《雪中猎人》是最为知名的一幅。猎人踏雪而
归，他们迈着沉重的步伐，路过错落的村舍，向下
方的小镇走去。风雪并未扰乱人们的日常生活，除
了滑冰取乐，村民们也要在雪地上背着柴捆，拉动
沉重的货车。整幅作品以冷色调为主，艺术家以精
湛技艺搭建出惊人的画面结构：一栋高耸的房屋坐
落左侧前景中，尖顶墙面划定了
左侧画布的界限，并与右侧后景
中巍峨群山的险峰遥相呼应。视
线沿着成排的枯树由近及远，望
向山谷中结冰的池塘、有三座钟楼的小村庄、运河、两侧种植树木的
道路和错落其间的小桥；向后望去，一座固若金汤的城堡现于峭壁之
下；目光再次后移，直达左侧后景，海天一线的美景尽收眼底。

观者的目光情不自禁地在画布上来回穿梭，从喜鹊飞过的天空直至
近在眼前、从雪地中冒出的荆棘丛，试图捕捉这壮丽冬景中的一切
细节。

农民的日常生活

《雪中猎人》（局部）

1565 年　木板油彩画

维也纳　艺术史博物馆

对比手法

　　红砖房旁点燃的火堆烈焰腾腾，凶猛的火势让人担心起房屋的安危。火光照亮这间旅馆，狂风呼啸而过，致使招牌摇曳，挂钩脱落了一边，火苗也随风狂舞，在风势助力下越发灼目，旁边的人正借助火势烤猪肉。画面生动逼真，细节精雕细琢，画家甚至描绘出了屋檐前的冰锥，红砖房的暖色调与整个冬景的冷色调形成鲜明对比。艺术家以细腻笔法呈现出犹如小型独幕剧一般的画面。

　　猎人身后跟着十三条猎狗，这群动物显得疲惫不堪，它们形态各异，略显消瘦，性情忠诚。虽然勃鲁盖尔经常将风景置于首位，但也有例外，此作中他便让人物位于前景，但画中的风景也并非单纯的装饰，而是用以衬托人物。

冰天雪地

人们在冰封的池塘上尽情玩闹嬉戏。冰面上人头攒动，有的在溜冰，有的在打冰球，男女老少自得其乐，就是要小心别掉进冰窟窿里！另外，还有一些人小心翼翼地站在旁边观看。

勃鲁盖尔常以反衬手法展现农民生活的艰辛，正如画作所示：他们在结冰的池塘上玩乐，以此享受简单的快乐；温暖的炉火和烟囱里冒出的炊烟带给他们温暖和安慰。树木与灌木丛疏密有致、枝干纤细，远处的人影线条简洁，不禁让人联想到一些亚洲绘画手法。白色与蓝绿色搭配相宜，此配色让画面细节尽显。

《雪中猎人》（局部）

1565 年　木板油彩画
维也纳　艺术史博物馆

　　　　农民的日常生活

《农民舞蹈》

约1568 年 木板油彩画
高：114 厘米 宽：164 厘米
维也纳 艺术史博物馆

灵感与影响
生机与色彩

乡村广场上，阳光明媚，树木葱茏，农舍错落，旅馆外悬挂着醒目的尖头三角红旗，此景展现了弗拉芒人的日常生活，他们心情愉悦，充满活力，欢聚一堂，享受着简单的快乐。勃鲁盖尔描绘了人们聚会宴饮、纵情舞

蹈的时刻，大家手舞足蹈，气氛欢快；老马丁·范·克莱韦（1527—1581）则呈现了农村集市，与勃鲁盖尔的作品相比，该场景虽更显静态，但同样生趣盎然。

与勃鲁盖尔一样，老马丁·

范·克莱韦也是弗拉芒画家，他擅长风俗画和风景画，创作了婚礼、舞蹈和庆典等题材。他也创作过一幅《屠杀婴孩》，画面场景同样架设于冰凝雪积的村庄里，与勃鲁盖尔的同名作品一脉相承。虽然这位画家在当时颇负

盛名，但后世对其不甚了解。

　　本页画幅上，老马丁·范·克莱韦描绘了众多人物，他们各自忙于自己的事，动作令人忍俊不禁，值得观者仔细观察。画家对人物的刻画略显生硬，因为在塑造人物时，他更强调场景的趣味性，从而弱化了构图，如此一来，便突显了人物的生动个性。左页画幅上，勃鲁盖尔在前景里描绘了一对农民夫妻，他们闯入画中，纵情起舞，与中景里载歌载舞的人们融为一体；左侧，村民们围桌畅饮，他们面前坐着一位为舞会伴奏的风笛乐师。画面配色鲜活，以红色、绿色和黄色作为点缀，突显了欢快气氛。这些"乡巴佬"不再是被嘲弄的对象，而是整幅作品的主角。

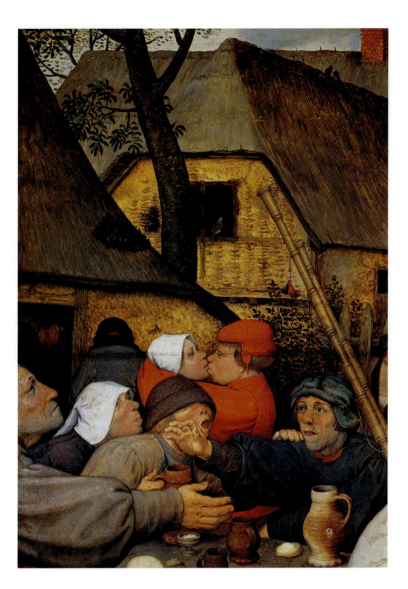

《农民舞蹈》（局部）

约1568年　木板油彩画

维也纳　艺术史博物馆

富有人情味的细节

　　勃鲁盖尔对农民的刻画未流露一丝嘲讽，他们拥吻彼此，吃喝享乐，热烈讨论，举杯畅饮。无论友人还是邻里，乐天随和的人们聚在一起庆祝，没有人会认为他们愚昧、恶劣、贪婪或酗酒，然而，在权贵取乐的讽刺诗歌中，农民往往是被讥讽嘲笑的对象。

　　在艺术家的画笔下，农民的本色尽显，他们乐天随和，手掌宽厚，五官不甚精致，却充满了人情味。正如教女儿跳舞的妇人展现的那般，她深情地握住小女孩的手。画家充分还原了各个画面细节：桌上摆着的杯子、小罐和黄油面包块，腰带上挂着的红色布袋，小女孩头上包裹的白头巾和她的绿色围裙等服饰，以及乐师腰间别着的刀具。

《农民舞蹈》（局部）

约1568年　木板油彩画

维也纳　艺术史博物馆

BRUEGEL 勃鲁盖尔

他极其擅长刻画农民与农妇，在其画笔下，
农民们身着农服等各种服饰奔跑起舞，姿态万千，
他如实地呈现了农民朴实无华、笨手笨脚的模样。

—— 卡雷尔·范·曼德《画家之书》，1604 年

演奏、畅饮和舞蹈

　　乐师全情投入地吹奏着风笛，脸颊因此涨得通
红，他为了给村民们的舞蹈伴奏，几乎没有时间理
会邻座的邀请——后者举着酒罐邀他共饮。在他们
身后，一位农民正拉着农妇走出家门与他共舞，此
景营造出了节日的欢乐气氛。乐师和劝酒人的面容
逼真，细节翔实。乐师稳坐凳上，手指游走于笛孔
之间，嘴角衔着吹嘴，肩上搭着风笛上方的低音组管。他眯着双眼，
沉醉于笛声之中，身旁的红鼻子男人将酒壶递至乐师面前，想让他停
下片刻，畅饮一杯，但他完全无动于衷。在主要呈现农民欢快起舞的
画面上，此场景叙事独立，配色和谐，展现出笔法精妙的现实主义
风格。

《农民舞蹈》（局部）

约1568 年　木板油彩画
维也纳　艺术史博物馆

扬·勃鲁盖尔
《婚礼舞蹈》

约1600 年 铜板油彩画
高：40.5 厘米 宽：50.5 厘米
波尔多 波尔多美术馆

灵感与影响

扬·勃鲁盖尔是老勃鲁盖尔的小儿子，即"地狱勃鲁盖尔"的弟弟，人称"丝绒勃鲁盖尔"。虽然，他是一名深受巴洛克艺术风格影响的画家，擅长描绘花卉、水果和寓意画，但他也和父亲一样，创作了一些以婚礼、农民舞蹈和集市为主题的作品。在本页的《婚礼舞蹈》中，扬·勃鲁盖尔刻画了背景中的静态场景，以及前景中的动态场景，让画面动静相宜。与右页老勃鲁盖尔创作的《婚宴》不同，扬·勃鲁盖尔将婚礼场地放在室外，并用环绕四周的绿树装点婚宴。此作既展现着如《农民舞蹈》（见第98页）一般的活力，又流露出如《婚宴》一般的严肃。

《婚宴》是老勃鲁盖尔的代表作，横向摆放的桌椅构成了画面的对角线，构图就沿此对角线展

开。谷仓之中，干草堆成高墙，象征收获的干草束和耙子装点在墙面上。新娘背靠绿布而坐，婚礼王冠悬于头上。尽管席间有两名乐师助兴，但场面依然有庄重的气氛，即便只是喝汤、啜粥、吃面包和饮啤酒，进餐仍是一件值得人们认真对待的事情。此作展现出了简朴与安宁之美，细节之处耐人寻味：小狗藏在桌下，脸朝向右侧，它身旁坐着一位修道士，正和邻座认真交谈，邻座男子是婚宴上唯一穿黑衣的，看上去有些身份；两名侍者正在用拆下的门板有条不紊地上菜；在谷仓的另一端，没有座位的人们挤作一团。

绝佳构图

这幅作品色彩丰富，勃鲁盖尔施用了红色、绿色、紫色、蓝色和黄色，并以白色（女士们的头巾和风琴演奏者的衣服）巧妙地进行点缀，突显了此场宴会的完美构图。前景处，男子正全神贯注地往壶里灌啤酒，他脚边的篮子里盛满了空酒壶。孩子们也被邀请参加婚宴。两个孩子坐于席间，其中一个现身后景中，坐在长桌的一端，紧挨着他正在拿酒壶的妈妈；另一个坐在风琴演奏者身前。前景里，第三个孩子吸引着观者的目光，他坐在地上，背靠酒壶，左手抓着餐盘，右手从餐盘里刮下最后一点粥放到嘴里舔着，围裙上摆着一块咬过的面包。关于第三个孩子，有个有趣的细节：男孩头戴红色贝雷帽，帽檐上装饰着一根孔雀羽毛，而孔雀正是忠贞的象征，与婚礼主题完美契合，但这顶帽子尺寸明显过大，大概是某个大人随手将帽子戴在了他头上。勃鲁盖尔作品里的人性光辉在此细节上显露无疑。

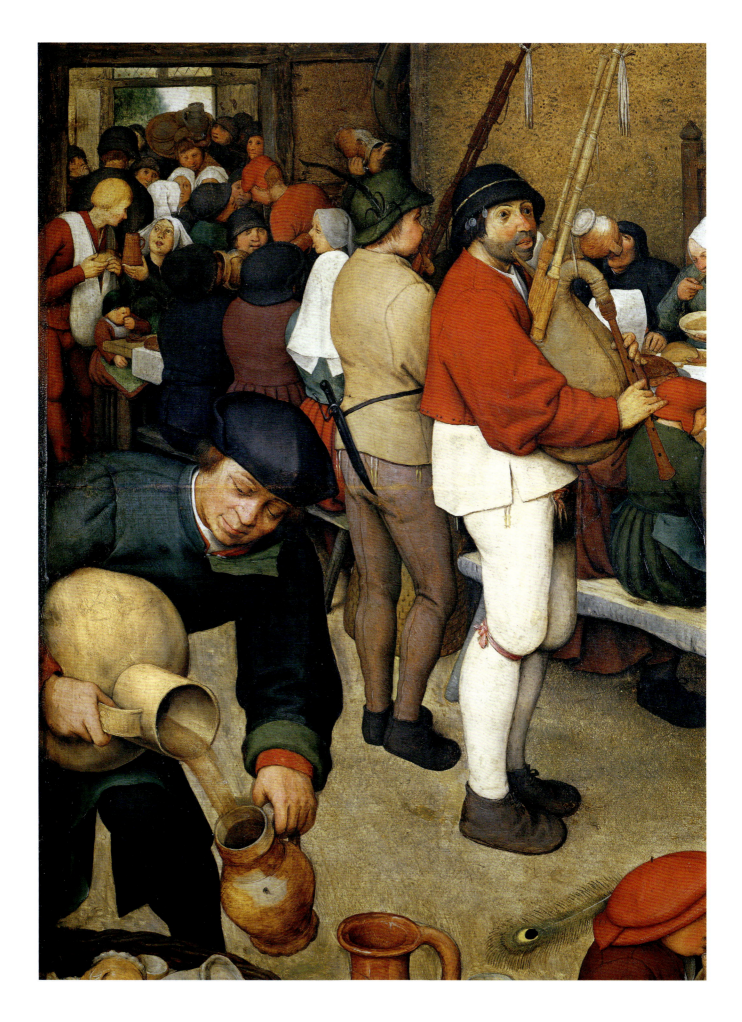

画家年表

约 1525 年　彼得·勃鲁盖尔的具体出生日期至今不详，专家们推测其出生年份在 1525 至 1531 年之间。同样，他的出生地亦尚未明确，推测可能是布拉班特的布雷达。

1545 年　勃鲁盖尔师从画家兼建筑师彼得·科克·范·阿尔斯特[1]，此后，他在老师的工作室内度过了五年的学徒生涯。

1550 年　他与彼得·巴尔滕[2]合作描绘了一幅三联画，该作品由梅赫伦的手套商公会订购，但此作已遗失。

1551 年　他以彼得·勃鲁盖尔斯（Peeter Brueghels）之名进入安特卫普的画家公会，成为公会的画师。

1552 年　他前往意大利旅行，途中经过里昂，然后约于 1554 年翻越阿尔卑斯山，此番行程被他记录在所创作的山地风景画中，成为难忘的回忆。据推测，他在罗马与细密画画家朱利奥·克洛维奥一起工作。

1556 年　他返回安特卫普，为版画家热罗姆·科克[3]绘制版画，并留下了许多署名版画作品。

1557 年　他创作了 7 幅以七宗罪为题材的系列版画作品。

1559 年　他开启了职业画家生涯，并从此署名彼得·勃鲁盖尔（Pieter Bruegel）。在这个具有转折点意义的年份，他创作了《弗拉芒箴言》和《狂欢节与大斋节之争》。

1562 年　他应准岳母的要求，开启阿姆斯特丹之旅，并随后定居布鲁塞尔。

1563 年　他与老师的女儿梅肯·科克结婚。

1564 年　勃鲁盖尔夫妇的大儿子出生，大儿子长大后成为画家，人称"地狱勃鲁盖尔"。

1565 年　他创作了《四季轮回》系列作品。

1567 年　阿尔瓦公爵代表西班牙统治势力对弗拉芒人施行暴力镇压。

1568 年　勃鲁盖尔夫妇的小儿子出生，小儿子长大后也成为画家，人称"丝绒勃鲁盖尔"。

1569 年　彼得·勃鲁盖尔于 9 月 9 日在布鲁塞尔辞世。

1. 1502—1550 年，弗拉芒画家、雕塑家、建筑师。
2. 1525—1584 年，弗拉芒画家、雕刻家。
3. 1518—1570 年，弗拉芒风景画家、版画家，他经营画店，印制并售卖勃鲁盖尔的版画作品。

图书在版编目（CIP）数据

勃鲁盖尔：天地之间 / (法) 西尔维·吉拉尔-拉戈
斯著；李磊译. – 北京：北京联合出版公司, 2022.4
　（纸上美术馆）
　ISBN 978-7-5596-6020-6

　Ⅰ.①勃… Ⅱ.①西… ②李… Ⅲ.①勃鲁盖尔(
Bruegel, Pieter 约1525-1569) – 传记 Ⅳ.
①K835.635.72

中国版本图书馆CIP数据核字(2022)第038218号

BRUEGEL：Entre le ciel et la terre
©2019, Prisma Media
13, rue Henri Barbusse,
92624 Gennevilliers Cedex
France

勃鲁盖尔：天地之间

作　　　者：[法] 西尔维·吉拉尔-拉戈斯
译　　　者：李　磊
出 品 人：赵红仕
责 任 编 辑：夏应鹏
策　　　划：北京地理全景知识产权管理有限责任公司
策 划 编 辑：董佳佳
特 约 编 辑：陈　莹
营 销 编 辑：王思宇　石雨薇
图 片 编 辑：田轩昂
书 籍 设 计：何　睦　李　川
特 约 印 制：焦文献
制　　　版：王喜华

北京联合出版公司出版
（北京市西城区德外大街83号楼9层　100088 ）
北京联合天畅文化传播公司发行
北京雅昌艺术印刷有限公司印刷　新华书店经销
字数：60千字　635毫米×965毫米　1/8　印张：14
2022年4月第1版　2022年4月第1次印刷
ISBN 978-7-5596-6020-6
定价：98.00元